Petit livre pour Papa

citations rassemblées par Joseph Vebret

PRESSES DU CHÂTELET

Si vous souhaitez recevoir notre catalogue et être tenu au courant de nos publications, envoyez vos nom et adresse, en citant ce livre, aux Presses du Châtelet,
34, rue des Bourdonnais 75001 Paris.
Et, pour le Canada, à
Édipresse Inc., 945, avenue Beaumont,
Montréal, Québec, H3N 1W3.

ISBN 2-84592-154-3

Les pères de famille,
ces grands aventuriers
du monde moderne.

Charles Péguy

Il n'est pas de gloire plus haute,
pour les enfants d'un homme vertueux,
que d'égaler les vertus paternelles.

Euripide

Heureux qui peut dormir sans peur et sans
[remords
Dans le lit paternel, massif et vénérable,
Où tous les siens sont nés aussi bien qu'ils
[sont morts.

José Maria de Heredia

Heureux qui peut, au sein
du vallon solitaire,
Naître, vivre et mourir
sur le champ paternel.

Victor Hugo

Regarde-moi, c'est cela devenir
un homme,
voir le visage de son père en face, un jour.

Jean Anouilh

[...] combien ce serait beau si, pour chaque
mer qui nous attend, il y avait un fleuve
pour nous.
Et quelqu'un – un père, un amour,
quelqu'un – capable de nous prendre
par la main et de trouver ce fleuve
– l'imaginer, l'inventer – et nous poser
dans son courant, avec la légèreté
de ce seul mot, adieu.

Alessandro Baricco

Sais-tu qui sont les mauvais pères ?
Ce sont ceux qui ont oublié
les fautes de leur jeunesse.

Denis Diderot

L'instruction fait tout ; et la main de nos pères
Grave en nos faibles cœurs ces premiers
[caractères
Que l'exemple et le temps nous viennent
[retracer,
Et que peut-être en nous Dieu seul peut
[effacer.

Voltaire

La tendresse du père
est presque toujours
en conflit avec les intérêts du chef.

Marguerite Yourcenar

Mon père dit qu'un homme est
la somme de ses propres malheurs.
On pourrait penser que le malheur finirait
un jour par se lasser,
mais alors,
c'est le temps qui devient
votre malheur, dit papa.

William Faulkner

Ah ! mon fils ! Que la tendresse d'un père
est aisément rappelée,
et que les offenses d'un fils s'évanouissent
vite au moindre mot de repentir !

Molière

Mon père…, vous savez, les pères aiment
[bien…
Mais cela prend du temps d'aimer, beaucoup ;
[le mien
Suivait de ces travaux dont un homme
[est esclave…

Édouard Pailleron

Eh oui, s'informer, c'est se retrancher,
n'importe quel père de famille vous le dira,
à l'heure de la vaisselle. Le quotidien qui
informe nous préserve de celui
qui encombre.

Daniel Pennac

Un père en punissant, Madame, est toujours
[père :
Un supplice léger suffit à sa colère.

Jean Racine

Je suis semblable au père
d'un enfant malade,
qui marche dans la foule
à petits pas.
Il porte en lui le grand silence
de sa maison.

Antoine de Saint-Exupéry

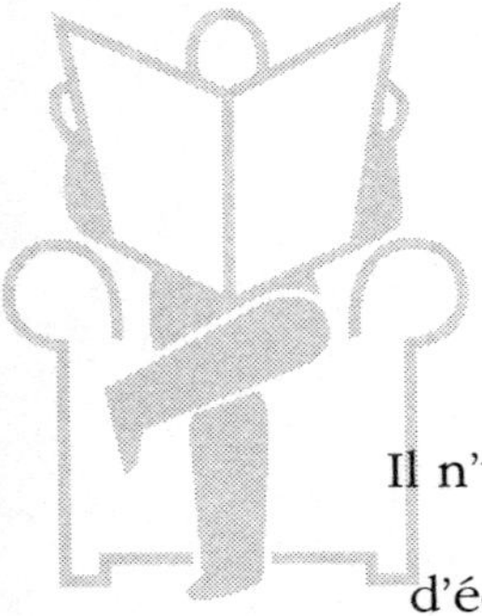

Il n'y a que deux façons
pour un fils
d'échapper à l'emprise
de son père :
le surpasser ou le tuer.

Guy D'Amours

Tout père sur qui son fils lève
la main est coupable :
d'avoir fait un fils qui levât
la main sur lui.

Charles Péguy

Au chemin qui longe la mer
Couché dans le jardin de pierres
Je veux que tranquille il repose
Je l'ai couché dessous les roses
Mon père, mon père.

Barbara

Le cœur d'un père s'agrandit
avec chaque enfant.

Jean Basile Bezroudnoff

C'est pourquoi l'homme quitte
son père et sa mère et s'attache à
sa femme, et ils deviennent
une seule chair.

La Bible

Le vrai père, c'est celui qui ouvre
les chemins par sa parole, pas celui
qui retient dans les filets
de sa rancœur.

Christian Bobin

Un fils est un créancier donné
par la nature.

Stendhal

Lorsqu'un homme commence à soupçonner
que son père avait peut-être raison,
c'est généralement que son propre fils
commence à lui donner tort.

André Birabeau

Vous ne savez donc pas, enfant, quel Saint
[Mystère,
En becquetant partout, remplit l'oiseau
[pieux ?
Les petits sont dans l'arbre au fond du nid
[joyeux ;
Pour vous, c'est un oiseau ; mais, pour eux,
[c'est un père !

Alexandre Dumas fils

Boire ou conduire,
c'est un slogan génial.
Mon père, qui n'a pas de voiture,
s'est mis à boire depuis.

Jacques Dutronc

Il y a d'ailleurs quelque chose de commun
à ces trois figures-là : celle du père, celle
de l'enseignant et celle du mari. Mon Dieu,
protégez-nous des examens et
de ceux qui nous les font passer.

Christian Bobin

Personne n'est assez insensé
pour préférer la guerre à la paix ;
en temps de paix les fils ensevelissent
leurs pères ;
en temps de guerre les pères
ensevelissent leurs fils.

Hérodote

L'âge de nos pères ne vaut pas
celui de nos aïeux.

Horace

Si j'étais Dieu le Père,
et si j'avais deux fils,
Je ferais l'aîné Dieu,
le second roi de France.

Victor Hugo

J'entends le pas d'un cheval,
ce doit être mon père.

Victor Hugo

Selon l'ordre naturel, le père doit finir avant
son fils. Si tous les enfants mouraient
de douleur à
la mort de leur père, le genre humain
périrait bientôt. N'est-ce point
pour prévenir ce malheur
que la nature a pris soin d'endurcir
le cœur des enfants ?

Charles Dufresny

Le rêve du héros, c'est d'être grand partout
et petit chez son père.

Victor Hugo

— Je te le jure sur la tête de mon père.
— Tu risques pas grand-chose, il a été guillotiné.

Henri Jeanson

Un père n'est jamais expert :
quand on est père, c'est pour
la vie.

Vincent Roca

Il y a d'étranges pères, et dont toute
la vie ne semble occupée qu'à préparer
à leurs enfants
des raisons de se consoler
de leur mort.

Jean de La Bruyère

Parbleu ! dit le meunier, est bien fou
du cerveau
Qui prétend contenter tout
le monde et son père.

Jean de La Fontaine

C’est long à élever, un père.

Christine Latour

Quand j'étais petit je faisais ce que mon père voulait. Maintenant il faut que je fasse ce que mon fils veut. Mon problème est de savoir quand enfin je pourrai faire ce que je veux !

Sam Levenson

L'exemple, c'est tout ce qu'un père peut
faire pour ses enfants.

Thomas Mann

Nos pères, sur ce point, étaient gens bien
[sensés,
Qui disaient qu'une femme en sait toujours
[assez
Quand la capacité de son esprit se hausse
À connaître un pourpoint d'avec un haut-de-
[chausse.

Molière

Où le père a passé,
passera bien l'enfant.

Alfred de Musset

La morale est dans les faits, pas dans les sentiments. Si je soigne mon père, je peux m'amuser à désirer sa mort.

Jules Renard

Trouver son père sympathique,
C'est pas automatique.
Avoir un fils qui nous agrée,
Ce n'est pas assuré.

Georges Brassens

Demandez-moi tout ce que
vous voulez, sauf de l'argent :
c'est le seul souvenir que m'ait laissé
mon pauvre père.

John-Paul Getty

Vénérez la maternité, le père n'est jamais
qu'un hasard.

Friedrich Nietzsche

Parents, n'exaspérez pas
vos enfants de peur qu'ils
ne se découragent.

Saint Paul

Mon père disait qu'il aimait Dieu quand
il était bien aise ; il me semble que je suis
sa fille.

Marquise de Sévigné

La vie est ainsi faite que les pères imbéciles en savent aussi long, quelquefois plus long sur elle que les pères intelligents. La vie n'a pas besoin d'intelligence. C'est même ce qu'elle peut rencontrer de plus gênant dans sa marche joyeuse.

Jean Anouilh

Il est admirable pour un homme
d'emmener son fils à la pêche, mais
il existe une place particulière au paradis
pour le père qui emmène sa fille faire
les boutiques.

John Sinor

Il n'y a pas de loi plus belle que d'obéir à un père.

Sophocle

C'est peut-être le premier devoir d'un père
que de retrouver successivement son âme
de douze, de quinze, de dix-huit et de
vingt-deux ans.

André Giroux

C'est une chose étrange de découvrir et
de croire qu'on est aimé, quand on sait que
personne ne peut aimer personne qu'un
père, une mère ou un Dieu.

Graham Greene

Ô mon fils, sois un jour plus heureux que ton père. Du reste avec honneur tu peux lui ressembler.

Sophocle

J'ai toujours été la même, vive
et triste : j'ai aimé Dieu, mon père,
et la liberté.

Madame de Staël

On choisit son père plus souvent
qu'on ne pense.

Marguerite Yourcenar

L'essentiel est que le père donne
à penser.

Paul-Laurent Assoun

Si jamais j'ai des enfants,
je ne demanderai qu'une chose :
en être le père.

Jean Louis Auguste Commerson

Un homme sait quand il vieillit,
car il commence à ressembler
à
son père.

Gabriel García Márquez

Le père qui n'enseigne pas
ses devoirs à son fils est autant coupable
que ce dernier
s'il les néglige.

Confucius

Un roi, réalisant son incompétence,
peut soit déléguer, soit abdiquer. Un père
ne peut ni l'un, ni l'autre.

Marlène Dietrich

Le travail des mères, c'est de protéger
les enfants de la noire humeur des pères.
Et les pères ? Leur travail est, je crois,
de même nature : ils sont là pour garder
les enfants de la trop vive folie
des mères.

Christian Bobin

Un père vaut plus qu'une centaine de
maîtres d'école.

George Herbert

Telle est l'ingrate position du père au sein
de la famille : pourvoyeur pour tous,
ennemi de tous.

August Strindberg

Devenir père n'est pas difficile.
L'être l'est, cependant.

Wilhelm Busch

La place du père dans la famille urbaine
moderne est restreinte, particulièrement
si ce dernier joue au golf.

Bertrand Russell

T'as de la chance maman
Le plus fort c'est mon père.

Linda Lemay

Pour un père, il n'est rien de plus doux
qu'une fille ; l'âme d'un fils est plus haute,
mais moins tendre et caressante.

Euripide

Les fils naissent avec en eux ce
que la vie, chez les pères,
a laissé à moitié.

Alessandro Baricco

Père : Mâle de mère.

Guy-Guy Bouzoune

Ô mon Dieu, comme il est difficile d'être
le père d'une jeune fille.

Aleksandr Sergueïevitch Griboïedov

Ah ! Que les hommes ont donc
la mémoire courte ! Et se peut-il
qu'en devenant des pères
ils oublient aussitôt qu'ils ont été des fils.

Sacha Guitry

La meilleure preuve que
les célibataires connaissent beaucoup mieux
les enfants (et les femmes) que les pères
de famille, c'est qu'ils ne
se marient pas.

Pierre Daninos

En fin de compte, la vie de père
ne tient qu'à un fils !

Vincent Roca

Papa était général.
— Et qu'est-ce qu'il pense de tout ça, ton père ?
— Rien. Il est mort à la déclaration de guerre. L'émotion... Il s'y attendait si peu !

Henri Jeanson

Le fils est innocent des fautes
de son père.

François Ponsard

Le compte le plus rigide qu'un père doive
à son fils est celui
de l'honneur qu'il a reçu
de ses ancêtres.

Michel-Jean Sedaine

À qui venge son père,
il n'est rien d'impossible.
Ton bras est invaincu,
mais non pas invincible.

Pierre Corneille

Les pères doivent toujours donner
pour être heureux.
Donner toujours, c'est ce qui fait
qu'on est père.

Honoré de Balzac

Un père n'est pas là pour fournir
des réponses,
mais pour montrer l'exemple.
Les fils, il ne faut surtout pas
les rassurer :
il s'agit de les inspirer.

Éric Neuhoff

L'histoire c'est la passion des fils
qui voudraient comprendre les pères.

Pier Paolo Pasolini

Mon père est encore un papa :
c'est-à-dire il me protège.

Raphaëlle Billetdoux

Dans une prochaine vie, papa,
j'aimerais te reprendre
comme père.

Bernard Werber

Dans la vie d'un enfant, le père c'est
le nord, la mère le sud, comme si
notre course, analogue à celle du soleil,
consistait à aller d'est en ouest.

Christian Charrière

Un père qu'on voit rarement, auquel on pense rarement, c'est encore quelque chose au-dessus de soi ; et c'est doux de sentir quelqu'un qui est plus haut, qui peut être un protecteur, qui nous est supérieur par l'âge, la raison, la responsabilité.

Jules Renard

Le secret pour être un bon père
est simple :
écoutez toujours vos enfants...

Steven Spielberg

Père et mère, parents, motifs apparents
d'une longue affection réciproque…

Francis Dannemark

Un père s'occupe plus de dix enfants que
dix enfants d'un père.

Adam Smith

Écoutez votre père qui vous a donné la vie,
et ne méprisez pas votre mère lorsqu'elle
sera dans
la vieillesse.

La Bible

Le cinéma, c'est comme un père, ça fait rêver. Le théâtre, c'est comme une mère, on y revient toujours…

Valérie Lemercier

Ce ne sont pas les fils qui perpétuent
la mémoire des pères, ce sont les bonnes
actions et les bonnes mœurs.

Alexandre le Grand

Un père a deux vies : la sienne et
celle de son fils.

Jules Renard

Un homme n'est jamais si grand que
lorsqu'il est à genoux pour aider un enfant.

Pythagore

Écoutez, mon fils, les instructions
de votre père, et n'abandonnez point
la loi de votre mère.

La Bible

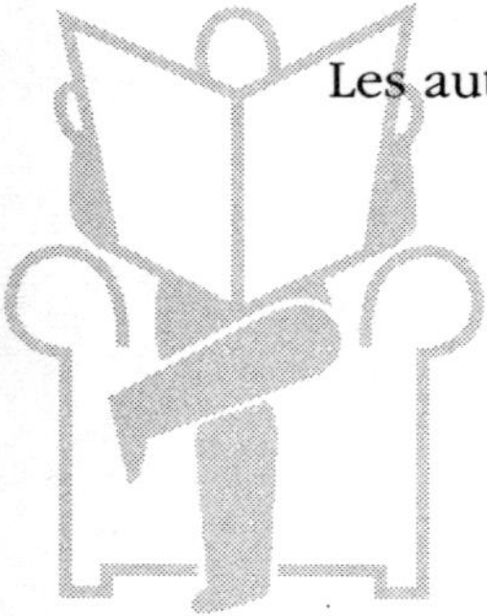

Certains croient que le génie
est héréditaire.
Les autres n'ont pas d'enfants.

Marcel Achard

Les enfants, ça console de tout…
excepté d'en avoir.

Hippolyte Taine

Les pères ne savent jamais rien
de leurs fils.
Ni les fils de leurs pères.

Patrick Poivre d'Arvor

Un cœur de père est
le chef-d'œuvre de la nature.

L'abbé Prévost

On n'est pas forcément le père
de quelqu'un mais on n'est jamais
le fils de personne.

Georges Wolinski

Celui qui enseigne tient le même rang qu'un père.

Lao Tseu

Ce qu'un père peut faire de plus important
pour ses enfants,
c'est d'aimer leur mère.

Théodore Hesburgh

J'ai hérité à la fois du talent
de ma mère pour dépenser de l'argent et
du don de mon père pour
ne pas en gagner.

Francis Bacon

Un père n'est pas celui qui donne la vie, ce serait trop facile, un père, c'est celui qui donne l'amour.

Denis Lord

La pire colère d'un père contre
son fils est plus tendre que le plus tendre
amour d'un fils pour
son père.

Henry de Montherlant

À voir ce que l'école exige aujourd'hui
de nos fils,
je me demande combien de pères seraient
capables d'être des enfants.

Paul Morand

Quand un enfant naît,
un père naît aussi.

Frederick Buechner

À quatorze ans, je trouvais mon père
tellement ignorant que j'avais peine à
le souffrir ; mais, à vingt et un ans, je fus
étonné de constater tout ce qu'il avait
appris dans l'espace de sept ans.

Mark Twain

Dauphin : Mammifère cétacé delphinidé qui attend la mort de son père pour monter sur le trône.

Noctuel

Être père c'est savoir prétendre que
le cadeau qu'on préfère
c'est un cendrier en terre cuite.

Bill Cosby

Il est si peu d'enfants à égaler
leurs pères ; pour tant qui peuvent moins,
combien peu peuvent plus !

Homère

Paternaliste.
Président-Directeur Généreux.

Georges Elgozy

Celui qui est père tombe en enfance
en raison de contacts trop fréquents avec
des mouflets.

Kazimierz Brandys

Tous les pères sont les mêmes ! Vient toujours un moment où ils ne voudraient pas être regardés par leur fils avec les yeux qu'ils leur ont faits.

Carlo Collodi

Le temps qu'un homme comprenne que
son père avait sans doute raison,
il a généralement un fils qui pense
qu'il a tort.

Charles Wadsworth

« Papa » est un petit mot d'amitié que
les enfants donnent aux maris
de leurs mères.

Curnonsky

Un des plus clairs effets
de la présence d'un enfant
dans un ménage est de rendre
complètement idiots de braves gens
qui sans lui n'auraient été
que de simples imbéciles.

Georges Courteline

Pour être un bon père
il y a une règle absolue :
ne pas regarder ses enfants jusqu'à
ce qu'ils aient deux ans.

Ernest Hemingway

La fête des Pères est comme la fête des Mères, sauf pour le cadeau qui coûte moins cher.

George Herbert

C'est un insupportable abus de l'autorité
paternelle que de vouloir imposer aux
générations neuves
les radotages des générations vieillies
que nous sommes.

Charles Péguy

La dernière phase
du développement mental
chez l'homme et chez la femme,
ne peut être atteinte que
par l'accomplissement vrai
des devoirs paternels.

Herbert Spencer

[…] le sang paternel hait, plein d'amour
et d'orgueil, tandis que
le sang maternel, plein de haine, aime
et cohabite.

William Faulkner

Il est bon pour un enfant d'avoir
ses deux parents, chacun
le protégeant de l'autre : le père pour
le garder d'une mère trop dévorante,
la mère pour le garder d'un père
trop souverain.

Christian Bobin

Papa, papa, il n'y eut pas
entre nous
Papa, papa, de tendresse ou
de mots doux
Pourtant on s'aimait, bien qu'on
ne se l'avouât pas
Papa, papa, papa, papa.

Georges Brassens

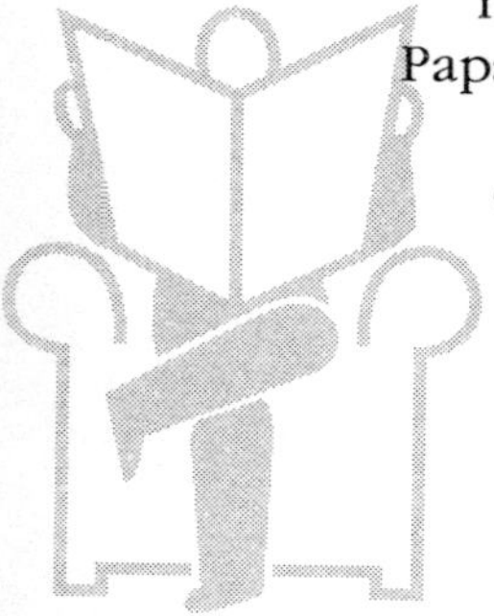

La science, c'est ce que le père enseigne
à son fils. La technologie, c'est ce que
le fils enseigne à
son papa.

Michel Serres

Je voudrais que sur la terre
Tout le monde ait des images
Comme dans mes rêves bleus
Qu'il n'y ait plus d'orages
Que Papa soit jamais vieux.

Henri Salvador

À quinze ans, ne pas avoir sur l'amour
les idées de papa, c'est
le meilleur moyen de devenir très vite
papa soi-même.

François Brigneau

Elle était tellement surprenante
que j'en suis resté papa !

Jacques Pater

Celui qui a péché, c'est lui qui mourra.
Un fils ne portera pas
la faute de son père ni un père
la faute de son fils : au juste sera imputée
sa justice, et au méchant sa méchanceté.

La Bible

À quoi sert la vie si les enfants n'en font pas plus que leurs pères ?

Gustave Courbet

La bonne conduite des père et mère est
la bénédiction des enfants.

Michel-Jean Sedaine

Les pères sont toujours en train
de faire une guerre, et quand
ils en reviennent, les enfants ont grandi
et les mères sont mortes.

René Barjavel

Je suis venu jusqu'ici, j'ai traversé
le monde pour une phrase.
Papa, je t'aime.

Guillaume Le Touze

Celui qui afflige son père, et met en fuite sa mère, est infâme et malheureux.

La Bible

L'homme est le bâtard de Dieu,
un bâtard abandonné. Et vous venez lui
demander d'aimer papa ?

Gabriel Chevallier

On peut avoir été un mauvais fils,
un frère ingrat, un père injuste,
un mari infidèle, un amant cynique,
un employé incapable,
un détestable citoyen, et devenir malgré
tout un mort exemplaire.

Jacques Stenberg

Un vrai homme
est son propre père.

Jean Anouilh

Père, ô Sagesse profonde
Et noire, Vous savez bien
À quoi sert le mal du monde,
Mais le monde n'en sait rien.

Marie Noël

[…] il y a toujours quelque chose de bon
même chez le pire
des pères.

Alessandro Baricco

Catholique par ma mère, musulman par
mon père, un peu juif par
mon fils… et athée grâce à Dieu.

Marcel Mouloudji

Il existe deux sortes d'hommes. Ceux qui combattent leur père et ceux qui cherchent toute leur vie à le remplacer.

Christian de Bartillat

La plupart des pères aiment se répéter
chez leurs enfants, préparer leur avenir
avec du passé.

Hervé Bazin

Trois ans d'analyse : soixante-dix mille francs. Tout ça pour apprendre que ta mère couche avec ton père. Et qu'en plus elle aime ça !

Patrick Timsit

Avoir commis tous les crimes, hormis
celui d'être père.

E. M. Cioran

Tel croit être un bon père de famille, et
n'est qu'un vigilant économe.

Jean-Jacques Rousseau

Il n'y a pas de bons pères,
c'est la règle. Qu'on n'en tienne pas rigueur
aux hommes, mais au lien de paternité qui
est pourri.

Jean-Paul Sartre

Les enfants commencent par aimer leurs
parents ; devenus grands
ils les jugent ; quelquefois
ils leur pardonnent.

Oscar Wilde

Les liens du sang ont une force étrange,
et dans les malheurs
il n'y a rien qui vaille l'affection
d'un parent.

Euripide

La vie est un combat et il faut
s'y entraîner dès l'enfance.
Les camarades sont meilleurs éducateurs
que les parents,
parce que sans pitié.

André Maurois

Il y a beaucoup de demeures
dans la maison du Père.

La Bible

Où donc un enfant dormirait-il avec
plus de sécurité que
dans la chambre de son père ?

Novalis

À quoi ça sert, les parents ?
Ah oui ! ça sert à ce qu'on
leur mente.

Henry de Montherlant

La maturité, telle que l'a définie
l'un de mes collègues, est
la capacité de faire quelque chose malgré
le fait que vos parents
vous l'ont recommandé.

Paul Watzlawick

Oh ! l'amour d'une mère ! amour que nul
[n'oublie !
Pain merveilleux qu'un dieu partage et
[multiplie !
Table toujours servie au paternel foyer !
Chacun en a sa part, et tous l'ont tout
[entier !

Victor Hugo

Les enfants sous-estiment souvent
l'intelligence de leurs parents.

Robertson Davies

À perpétuité nous sommes en compagnie
d'êtres qui ne savent pas la plus petite
chose sur nous, mais prétendent
continuellement tout savoir sur nous ;
nos parents et nos amis les plus proches
ne savent rien parce que nous-mêmes,
nous ne savons pas grand-chose à ce sujet.

Thomas Bernhard

Il faut aimer, et très tendrement,
les créatures ; il faut aimer sa patrie,
sa femme, son père, ses enfants ; et il faut
si bien les aimer que Dieu nous les fait
aimer malgré nous. Les principes contraires
ne sont propres qu'à faire de barbares
raisonneurs.

Voltaire

Cet ouvrage a été composé
par Atlant' Communication
aux Sables d'Olonne (Vendée)
Impression réalisée sur offset par

BRODARD & TAUPIN
GROUPE CPI

La Flèche
en mars 2005
pour le compte des Presses du Châtelet.

Imprimé en France
N° d'édition : 254 – N° d'impression : 29391
Dépôt légal : mai 2005